EN SEINE

L'AUTEUR

Pierre Cléon est né un beau jour de mars 1941, en Normandie. Passionné dès son plus jeune âge par la littérature, c'est vers la poésie qu'il se tourne quelques années plus tard, en découvrant les merveilles de Paul Fort, Gustave Flaubert, ou encore Georges Brassens. Soutenu particulièrement par son épouse et sa famille, il se consacre aujourd'hui entièrement à sa plume, subtilement inspirée, riche et sublime.

Pierre Cléon

EN SEINE

Terre Normande

Poésie et prose

Tous les textes présents dans ce recueil sont la propriété exclusive de l'auteur.

© 2020 Pierre Cléon

Édition : BoD-Books on Demand
12-14 rond-point des Champs-Élysées, 75008 Paris

ISBN : 978-2-3222-0656-8
Dépôt légal : Mars 2020

COUCHER DE SOLEIL

Coucher de soleil sur la Seine,
Le Pont Flaubert s'est enflammé,
C'est un drôle de phénomène,
Il y a des roses sublimés,

La lumière voyage dans mes yeux,
Le ciel dégradé a changé,
Je vois encore un peu de bleu,
Reste la couleur orangée,

Un filet d'ambre sur le fleuve,
Rejaillit tout en murmurant,
C'est sans doute bien la preuve,
Que l'astre s'enfonce en brûlant,

La lune souriante allume,
Les cent clochers de la ville,
Monte du fleuve une brume,
Bonnes gens dormirez tranquille,

Difficile de bien décrire,

Ce que je découvre à l'instant,
Car rien ne pourrait suffire,
Fleuve tu es resplendissant,

Le pont Flaubert s'est allumé,
Coule coule ma jolie Seine
Disparus roses sublimés,
Ton nom rime avec Verlaine.

L'AMOUR S'EN VIENT PAR LA TENDRESSE

L'amour s'en vient par la tendresse,

Et s'entretient par la douceur,

Elle s'exprime délicatesse,

En sœur jumelle ou âme sœur,

Elle s'exprime se manifeste,

Par une attention soutenue,

Pour quelqu'un et pour de doux gestes,

Une amitié entretenue,

Une relation affective,

Familiale ou bien amicale,

Pour être enfin contemplative,

Verticale ou horizontale,

Elle s'exprime délicatesse,
Ne s'apprend pas, elle se donne,
C'est sans douter de la tendresse,
Souvent quand il y a maldonne,

Elle nous manque et puis nous transporte,
Alors vraiment on s'abandonne,
Souhaitant qu'elle nous escorte,
Et en son sein on frissonne,

Enfin d'amour et de tendresse,
Sans contrainte mais avec passion,
Pourvu que l'on trouve une Princesse,
La clef d'une très belle relation.

L'ÉTINCELLE

Dites que se passe-t-il ici-bas ?
On a des hauts on a des bas,
Un jour ça va lendemain non,
Mais c'est la vie crénom de nom,

Et sur la route du temps qui passe,
Relevons-nous avec audace,
Tire la charrette courbe le dos,
Tout n'est pas rose tout n'est pas beau,

Essayons de faire des efforts,
Pour que l'on soit un peu plus fort,
On a des hauts on a des bas,
Dites que se passe-t-il ici-bas ?

Tire mon ami tire la charrette,
As-tu déjà peur qu'elle s'arrête ?
Tire la charrette à ta manière,
Tâche d'éviter les ornières,

Si elle tire à hue et à dia,
Surtout pas de paranoïa,
Tiens bon la route, trace ton chemin,
Je garde ta main dans ma main,

Il reste une petite étincelle,
Et c'est ton prénom que j'épelle,
Je pousse même la chansonnette,
Lorsque je tire ma charrette.

L'ÉCOLE BUISSONNIÈRE

Assis sur le banc de l'école,
Il n'écoute pas la maitresse,
Sa pensée s'en va, caracole,
Ce n'est pas de la paresse,

Il n'a de cesse que d'écouter,
Le chant de l'eau et des oiseaux,
Alors il est comme envouté,
C'est un signe qu'il va faire beau,

Se sent léger, aventurier,
À travers champs, la tête en l'air,
Mieux que la plume dans l'encrier,
Il se fout de l'école primaire,

Il n'a pas besoin de crayon,
Pour écouter les oisillons,
Dans sa tête il parle au grillon,
Sans avoir appris sa leçon,

Alors Monsieur baille aux corneilles,
Et regarde par la fenêtre,
Axel au pays des merveilles,
Est heureux de tout son être,

En voyageant par l'image,
Il fait son école buissonnière,
Comme un enfant de son âge,
Enfin se sent libre comme l'air,

Il voit une truite qui fait des bonds,
Une ficelle et un hameçon,
Il n'a pas besoin de leçon,
Pour taquiner ce beau poisson,

Qu'il ramènera à la maison,
Entend une grenouille coasser,
Son esprit est hors de prison,
« Axel cela suffit assez »,

« Vous n'écoutez pas la maitresse,
Sachez que c'est insupportable,
Je vous le dis avec tristesse,
Cela n'est pas négociable »
« Axel Triolet vous sortez »,
Pardon madame je rêvais,
« Je ne peux plus vous supporter »,
« Allons de ce pas moi je vais »,

« Vous conduire chez le directeur,
Rangez vite votre cartable,
Vous n'êtes qu'un provocateur,
Surtout un mauvais petit diable ».
Ce qui fut dit fut fait. Depuis je continue à rêver…
Je voyage.

PETITE MÈRE

Le printemps est là, tout bourgeonne,
Le vieux lilas de mère Simone,
Va encore nous donner des fleurs,
Ce qui apaise ses douleurs,

Dans son jardin tout refleurit,
Elles espère qu'elle sera guérie,
Pour offrir l'odorant muguet,
Comme chaque année au mois de mai,

À ses amis à sa famille,
À sa dernière petite fille,
C'est pour elle un porte bonheur,
Et c'est toujours de bonne humeur,

Qu'elle fait un tour dans son jardin,
Pour cueillir les fleurs au matin,
Elle se souvient des marguerites,
Qu'elle effeuillait c'était un rite,

Et d'un capitaine au long cours,
Qui lui disait l'aimer toujours,
Une belle histoire d'autrefois,
Mère Simone n'était pas de bois,

Mais elle ne se souvient pas des,
Primevères du myosotis des,
Roses églantines orchidées,
Petite mère n'a plus d'idées,

Pourtant elles étaient à son goût,
Elle les aimait un peu beaucoup,
Chaque jour petite mère se meurt,
Ne sait pas qu'elle a Alzheimer,

Le printemps est là tout bourgeonne,

Le vieux lilas de mère Simone,

Va encore nous donner des fleurs,

Ce qui apaise ses douleurs.

MONTMARTRE

Viens je t'emmène le long des rues,
Visiter Paris,
Qu'on est bien bras dessus dessous,
On s'en fout on rit,
Vois il y a bal dans ma rue,
J'aime ma ville par-dessus tout,

Tu vois Paris te fait de l'œil,
Ta robe fleurie,
Ressemble à une aquarelle,
Que tu es jolie !
Je ne te dis pas quel accueil,
La capitale nous donne des ailes,

La pluie tombe sur le boulevard,
Oh ! Doux bruit de l'eau,
On se serre et on s'enlace,
Un joli tableau,
Nous ne sommes pas très bavards,
Et attendons que ça passe,

Demain visite de Montmartre,
Et du Sacré-Cœur,
Puis le cimetière Saint Vincent,
Avec toi mon cœur,
Nous verrons le soleil croitre,
Sur la butte en rougeoyant,

Et tournera le vieux moulin,
De la Galette,
Sur la trace des poètes,
Et des guinguettes,
Tout cela très tôt le matin,
Dans les rues encor désertes,

Vois les peintres te font de l'œil,
Ta robe fleurie,
Ressemble à une aquarelle,
Que tu es jolie !
Je ne te dis pas quel accueil,
La capitale nous donne des ailes.

STANCES UN AMI(E) QUI SOUFFRE

Dans ton grand lit de misère,
Dans ton gouffre,
Je veux t'apporter la lumière,

Toi qui marches,
Sur cet étroit chemin de pierre,
Patriarche,
Refaits le chemin à l'envers,

Moi qui ne suis,
Qu'un petit peu de poussière,
Moi je te suis,
Car je deviendrai poussière,

Toi qui souffres,
Dans ton grand lit de misère,
Sors du gouffre,
Depuis le temps je désespère,

Lorsque tu dors,
Perdu très loin dans le désert,
Elle est en or,
La parole de tes frères,

Moi je souffre,
De te voir ainsi agité,
Dans ce gouffre,
Qui peut être l'éternité,

Toi qui souffres,
Sache que je veux t'apporter,
Dans ton gouffre,
L'amour et la fraternité,

Si tu souffres,
De la douleur au désespoir,
Si tu souffres,
Ami il faut garder l'espoir,

L'ÉTANG

Une grande étendue d'eau,
Des joncs et des roseaux,
Une brume qui se lève,
C'est un attrape-rêves,

Puis rien aux alentours,
Un canard fait l'amour,
L'étang est un miroir,
Au loin un grand manoir,

Grenouilles sur nénuphar,
Coassent en fanfare,
Quand marche un échassier,
D'un joli pas princier,

C'est un héron cendré,
Qui est très affairé,
Un poisson fait des bulles,
Il craint la canicule,

Ami viens je t'attends
L'étang a son mystère
Et par jour de grand vent,
Tu sais j'ai découvert,

Un pays merveilleux,
C'est un joli tableau,
Je n'en crois pas mes yeux,
Très cher au Père Hugo,

*« Viens, loin des catastrophes,
Mêler sous nos berceaux,
Le frisson de tes strophes,
Au tremblement des eaux »

* V. Hugo : Fuite en Sologne

L'ÉTOILE FILANTE

Assise sur sa terrasse, elle regarde le ciel,
Se sent un peu lasse, secours providentiel,

Une étoile filante, glisse dans le firmament,
Elle est très brillante, et instantanément,

Elle pense à faire un vœu, astéroïde comète,
Elle n'en croit pas ses yeux, rajuste ses lunettes,

Elle qui n'voyait ma foi, que l'étoile polaire,
A déjà fait son choix, rêver la belle affaire,

Elle veut positiver, sera-t-il exaucé ?
Et reste motivée, alors elle dit qu'elle sait,

Que pour se consoler, demain regardera,

Les blanches étoiles filer, pour être dans ses bras,

Que dans cette galaxie, revivra son espoir,

D'un changement de vie, mais jamais plus de noir,

Sur son cheval ailé, elle se laisse emporter,

Dans sa douce rêverie, éprise de liberté.

QUINE ANS : LA LEÇON DE PIANO

Que reste-t-il de mon piano,
Mon vieux piano d'adolescent,
Qui pleure abandonné la haut,
Dans le grenier ouvert au vent ?

C'était dans la lettre à Élise,
Que nous trouvions notre bonheur,
La bagatelle en la mineure,
Tout en faisant des vocalises,

Avec Chopin en sol mineur,
Tu devenais ma Polonaise,
Je me souviens tu avais peur,
Et je n'étais pas très à l'aise,

J'ai retrouvé des partitions,
On essayait à quatre mains,
Nous étions tous deux en passion,
On se moquait de l'examen,

Que reste-t-il de mon piano,
Mon vieux piano d'adolescent,
Qui pleure abandonné la haut,
Ne reste que la chanson du vent,

Quand j'entends la lettre à Élise,
J'ai le souvenir d'un bonheur,
C'était au temps des vocalises,
La bagatelle en la mineure.

LA ROUTE DE MADISON

Sur la route de Madison,
Il l'a rencontré par hasard,
Elle ne parlait à personne,
Aussi dès le premier regard,

Il la vit dans un silence,
Qui la rendait bien plus belle,
Joli tableau d'espérance,
Sous la pénombre de l'ombrelle,

Quand elle fit tomber son mouchoir,
Il se dit que c'était magique,
Que ce bout de soie elle fit choir,
Il pensa même idyllique,

Besoin d'amour et de vivre,
Une fois encor une belle histoire,
Il se sentit un peu ivre,
Mais c'était bien son jour de gloire,

La route est longue passe le temps,
Rempli d'espoir et de craintes,
Il avait depuis fort longtemps,
Envie de laisser son empreinte,

Sur la route de Madison,
Il l'a rencontré par hasard,
Il prit sa Harley Davidson,
Et la quitta sans un regard.

AU BOIS DE MON CŒUR

Au bois de mon cœur, aux âmes bien nées,
Moi j'offre des fleurs, c'est toute l'année,
Il y a des roses, elles sont sans épine,
Couleur rouge sang, pour mon héroïne,

Au bois de mon cœur, pour la fiancée,
Il y a des fleurs, de douces pensées,
Il y a du muguet, de jolis bouquets,
Au beau mois de mai, et de beaux d'œillets,

Des fleurs de fraisiers, aussi du jasmin,
En panier d'osier, tout cela fait main,
Guirlandes de roses, beaucoup d'espérance,
Et de la lavande, amour à outrance,

Au bois de mon cœur, il y a des lys,

Que parfois j'effleure, ce sont des calices,

Gouttes de rosée, qui arrosent les fleurs,

De tendres pensées, quand elles sont en pleurs,

Au bois de mon cœur, reine de l'hiver,

Seule reste une fleur, près du sapin vert,

C'est la rose blanche, esprit de Noël,

Que je t'offre Blanche, c'est traditionnel.

LA FLEUR DE L'ÂGE

« Le cœur à vingt ans se pose où l'œil se pose »
- *Georges Brassens, Les amours d'antan (1962)*

Tu es bien à la fleur de l'âge,
Avec vingt ans dans tes bagages,
Tu as des projets, tu es riche,
Mais tu doutes que certains trichent,

Tes artères n'ont que vingt ans,
C'est une réserve de printemps,
Avec la fièvre dans le sang,
Tout cela peut durer cent ans,

Tu n'as pas l'expérience des ans,
Mais tu gardes ton cœur d'enfant,
Tu as de l'espoir et tu oses,
Tu fais parfois une overdose,

Bien souvent tu te moques des gens,
Tu te fiches aussi de l'argent,
Des prétendus amis t'soutiennent,
Et ma foi qu'à cela ne tienne,

Tu es dans l'âge flamboyant,
Manques parfois de jugement,
Mais tu t'en moques car à vingt ans,
Tu veux profiter du bon temps,

Alors n'écoutes plus les messages,
De ces Messieurs qui ont de l'âge,
Tu as vingt ans dans tes bagages,
Profites donc de ton âge,

Moi je voudrais avoir vingt ans,
Tout savoir comme maintenant,
Mais tous ces ans me font cortège,
Car mes cheveux sont couleur neige.

DIGNITÉ

Elles sont pour vous ces quelques lignes,
Je crois que vous en êtes dignes,
La maman qui veille son enfant,
Attendant des jours triomphants,
La belle dévouée ā son amant,
Qui se sacrifie entièrement,

Le vieil homme dans sa chaise roulante,
Qui te parle des étoiles filantes,
Malgré son handicap sourit,
Solitaire dans sa vie pourrie,
Le handicap étant mémoire,
Enfoui comme un vieux grimoire,

Elles sont pour vous ces quelques lignes,

Je sais que vous en êtes dignes,

À toutes, tous qui ont froid l'hiver,

Et qui regrettent le temps d'hier,

Mais qui chaque jour sans vergogne,

Font sans rechigner la besogne,

À tous ceux que je n'ai point nommés,

Qui dans ma tête son nominés,

A qui je dédie ce poème,

Moi je vous offre la lettre M,

Elles sont pour vous ces quelques lignes,

Je sais que vous en êtes dignes.

HOMMAGE À NOUGARO

C'est un petit taureau, qui marche sur la scène,
Il s'appelle Nougaro, il titube, se démène,
Dès qu'il envoie le jazz, et la java, c'est blues,
Il y a de l'eau dans l'gaz, puis il attaque Toulouse,

Alors là se dévoile, une oasis de dune,
On touche les étoiles, sous un rayon de lune,
Quand le petit taureau, nous chante Nougayork,
Swinguant avec les mots, on reste sous le choc,

Alors dansons sur nous, revenons sur orbite,
Dansons sur lui, sur vous, le jazz nous habite,
C'est un petit taureau qui a quitté la scène,
Il s'appelle Nougaro, voilà qu'il se démène,

Il parle de Satchmo, balance sur black and blues,
En jouant avec les mots, nous chante son épouse,
Il a tourné la page, pour écrire sa prose,
Sur un autre rivage, de Toulouse la rose,

Et déclame ses vers, comme un désespéré,
Là au diable vauvert, qui sait à l'île de Ré ?
Dansez sur lui, sur moi il n'y a plus de gaz,
Je vous le dit tout net entre java et jazz.

CŒUR EN JACHÈRE

Vous pouvez lui parler de tout,
Même lui donner rendez-vous,
Mais dès qu'on aborde l'amour,
Je ne la trouve plus glamour,

La dame se fâche se fait volcan,
Moi je me demande bien quand,
Elle pourra tourner la page,
Pourtant je sais qu'elle voyage,

Je sais qu'elle cherche à s'étourdir,
Mais ne veut plus s'entendre dire,
Ces mots qu'on lui disait jadis,
À son oreille avec délice,

Le temps seul peut changer l'affaire,

Elle reste toujours en jachère,

Et bien que je la trouve glamour,

Se bloque dès qu'on parle d'amour,

Pourtant son jardin frissonne,

Après les semailles d'automne,

Je vois refleurir la jachère,

Elle a bien le sens de la terre.

IL EST VENU LE TEMPS

Il est venu le temps, des chaleurs, des frimas,
Des nuages de poussière, des orages ici-bas,
Celui des chants étranges et des pluies diluviennes,
Notre terre se venge, mais mon dieu que revienne,

Le temps des jours heureux et celui du silence,
Ils ont jeté des pierres, tout n'est que violence,
Les oiseaux se sont tus et depuis ce matin,
Naissent de curieux enfants, qui portent un mauvais teint,

Ils ont creusé leur trou, on les croyait des anges,
Il est venu le temps, notre terre se venge,
Entendons sa prière, elle est très en colère,
Mais ils n'écoutent rien, car ils ont des œillères,

Sont venus cette année des fruits un peu étranges,

Qui ressemblent ma foi, à de petites oranges

Et le raisin annonce de très maigres vendanges,

Il n'y aura donc rien, rien pour la part des anges.

EN EFFUEILLANT LA MARGUERITE

Dans un carton j'ai retrouvé,
Un paquet très bien ficelé,
De lettres jaunies délavées,
Qui m'ont à nouveau rappelé,

Notre amitié et les beaux jours,
C'était pour nous deux un rite,
Tous deux et chacun notre tour,
On effeuillait la marguerite,

A travers ces lignes écrites,
Évoquant le langage des fleurs,
Tu voulais t'appeler Marguerite,
Symbole de l'amour et du cœur,

Alors tu disais des je t'aime,
Un peu beaucoup passionnément,
A la folie toujours les mêmes,
Et puis un jour évidemment,

Je suis tombé sur pas du tout,
Là fleur n'ayant plus de pétale,
J'ai cru que j'allais devenir fou,
Alors j'ai crié au scandale,

Dans un carton j'ai retrouvé,
Un paquet très bien ficelé,
De lettres jaunies délavées,
Qui m'ont à nouveau rappelé,

Tes belles lettres mon aimée,
 Reniant ma profession de foi,
Je les ai en ce jour brulées,
Vénus s'étant fait vieille ma foi.

HONFLEUR

Du bistrot des artistes,
Ce n'est pas une vue triste,
J'admire le vieux bassin,
Et j'esquisse un dessin,

Honfleur la belle, pour la gabelle,
Greniers à sel, intemporel,
Côte fleurie, et Pays D'auge,
Douce rêverie, là on patauge,

Dans l'artistique, impressionnistes,
C'est historique, pour les artistes,
Honfleur la belle, dépositaire,
La courte échelle, de Baudelaire,

À Claude Monet, Eugène Boudin,
Ames bien nées, jolis destins,
Erik Satie, compositeur,
Un ressenti, né à Honfleur,

Du bistrot des artistes,
Ce n'est pas une vue triste,
J'admire le vieux bassin,
J'ai terminé mon dessin,

Et dans le soir tombant, le Pont de Normandie,
Sous sa belle lumière va s'offrir au couchant,
En claquant ses haubans, c'est une symphonie,
Et un enchantement, qui je crois plaît au vent.

MAM'ZELLE LISON

Faisant peau neuve chaque saison,
Un beau matin Mam'zelle Lison,
Se prit un jour d'une passion,
Pour un jeune et bel Apollon,

Elle avait un grand cœur Lison,
Cœur d'artichaut en déraison,
Cherchait les fruits de la passion,
Les yeux fixés sur l'horizon,

Mam'zelle Lison, Mam'zelle Lison,
Vous aimez bien trop les garçons
Mam'zelle Lison, Mam'zelle Lison.
Vous en changiez à chaque saison,

Victime d'une grande trahison,
On la vit en plein abandon,
Mais dans le p'tit cœur de Lison,
Pas possible de guérison,

Après rupture de liaison,
Elle vécut très mal sa passion
Et perdit ma foi la raison,
Ne connaissant plus de saison,

Mam'zelle Lison, Mam'zelle Lison,
Vous qui ne disiez jamais non,
Mam'zelle Lison, Mam'zelle Lison.
Vous la marchande des quatre saisons,

Nous t'aimions bien petite Lison,
Et aux premières floraisons,
Nos pensées sont pour toi Lison,
Marchande des mortes-saisons.

L'ORIGINAL

Il aime les cafés bien frappés,
Qu'il boit dans les endroits huppés
Marche d'un pas de sénateur,
C'est pourquoi il n'est pas à l'heure,

Mais quand il la prend dans ses bras,
Lui dit je t'aime et cetera,
Il y a des amours heureux,
C'est leur bonheur à tous les deux,

On dit qu'il est original,
Mais ce n'est pas l'père La Moral(e),
Il s'en fout il a sa p'tite femme,
Et son petit corps qui l'enflamme,

Au lieu de lire son journal,

Il va relire les fleurs du mal,

Il est poète par intérim,

Et note souvent quelques rimes,

Puis il enfourche son vélo,

Même si la pluie tombe à grand eau,

Ne veut plus passer les frontières,

Peur de rattraper la misère,

Il s'en fout il a sa p'tite femme,

Alors pour lui montrer sa flamme,

Il lui dit viens, serre-moi fort,

J'ai tant besoin de réconfort,

Il n'aime pas trop les militaires,

Et il l'avoue pourquoi le taire,

Il dit que le pas cadencé,

Ne fait pas vraiment avancer,

Mais quand il la prend dans ses bras,

Lui dit je t'aime et cetera,

Il y a des amours heureux,

C'est leur bonheur à tous les deux.

L'AMANTE

J'ai grandi près de la seine,
A l'ombre des cents clochers,
Alors moi j'ai pris la peine,
De lui rester attaché,

Dans mes veines coule la seine,
Depuis la petite enfance,
Impétueuse son corps de reine,
A nourrit mes espérances,

Si je lui fus infidèle,
Je suis de retour enfin,
C'est sans doute à cause d'elle
Qu'il n'y a pas de clap de fin,

Dans mes veines coule la seine,

Vers la mer ou tout s'enfuit,

Impétueuse son corps de reine,

La fait sortir de son lit,

Car la seine est une amante,

Qui aime son océan,

Et seule une idée la hante,

Aller revoir son géa

LA CIGARETTE

Elle tire sur sa cigarette,
Va prendre l'air dans le jardin,
Elle voudrait que cela s'arrête,
A tout fait pour que ce matin,
La cigarette après l'amour,
Se consume seule au petit jour,

Elle souhaite un monde de silence,
Voudrait entendre d'autres mots,
Pourquoi ne pas se faire violence,
Partir loin et lui dire ciao,
Enfin prendre la clef des champs,
Cueillir l'herbe de la Saint Jean,

Elle sait qu'il aura de la peine,

Il faudra bien qu'il lui pardonne,

Elle boira à d'autres fontaines,

C'est écrit, la faute à personne,

La cigarette après l'amour,

S'est consumée au petit jour.

LE MANÈGE

Il se souvient des jours où il était enfant,
Il se souvient des jours à la foire à l'encan,
Et des ventes aux enchères que faisaient ses parents,
Dans la belle province, c'était une fois par an,

Il tournait il tournait, sur un cheval de bois,
Il chantait il chantait, c'était lui l'enfant roi,
Essayait d'attraper la fibre du pompon,
Qu'envoyait gros Léon, qui jouait d'l'accordéon,

Alors dans la chaleur des flons flons du p'tit bal,
Il s'endormait heureux comme un enfant d'la balle,
Il se souvient encore de ce joli manège,
Qui l'emmenait bien loin, auprès de Blanche-Neige,

Pinocchio et Dingo, La Belle au bois dormant,
C'était lui l'enfant roi de la foire à l'encan,
Tournez les vieux chevaux, moi je suis l'enfant roi,
En fanfare je crie, j'aime les chevaux de bois,

Venez m'accompagner dans ce joli manège,
Même si quelques arêtes depuis vous font cortège,
Essayer d'attraper une fois le pompon,
Qu'envoie le gros Léon qui joue d'l'accordéon.

APOCALYPSE NOW

Ils sont venus les bras ouverts,
Tout au début les p'tits hommes verts,
Ils ont sermonné les enfants,
C'était par un jour étouffant,

Ils ont voulu gober nos œufs,
Ont emmené les femmes chez eux,
Puis ils ont mangé tous les fruits,
Ont mis le feu et tout détruit,

Ils ont emportés nos chevaux,
Mis le feu apocalypse now,
Depuis les oiseaux se sont tus,
Nous ont transformés en statue,

Enfin ont rebroussé chemin,

En poussant des cris inhumains,

Tels des diables machiavéliques,

Dans leur ovni gris métallique,

J'avais rêvé qu'elle émotion,

Réalité ou bien fiction,

je me souviens des soirs d'hiver,

Quand maman me parlait d'hommes verts

BLEUET DE FRANCE

Fleur sauvage de petite taille,
Tu les regardais, trébuchants,
S'en aller sur les champs d'bataille,
Avec à la lèvre un beau chant,

Tous ces courageux en souffrance,
Nommés bleuets par leurs ainés,
Et qui ont été condamnés,
A mourir pour notre France,

Dans l'horreur des grandes tranchées,
Si tu pouvais parler, belle fleur,
De famille des astéracées,
Qui apaise tous les maux du cœur,

Tu briserais l'âme du poète,
Symbole de la grande guerre,
Mais tu sais ne sois pas inquiète,
Les filles iront comme naguère,

Te cueillir dans les grands blés murs,
Quand le mois d'aout se fait velours,
Que le soleil n'est que brulure,
Et que naissent les amours d'un jour,

Un bleuet dans un champ de blé,
C'est une tombe, un nom gravé,
C'est bien là qu'ils s'en sont allés,
Sachez qu'ils étaient motivés.

EN FORÊT DE CHAMBORD

Amis entendez-vous le cervidé bramer,

Il cherche des compagnes, c'est la saison d'aimer,

Entendez résonner, la quête est amoureuse,

Le cri fort et puissant, les biches sont joyeuses,

Je les ai observées c'est un événement,

Car le harem se prête à son couronnement,

Quand le roi Cervidé lance son cri d'amour,

En forêt de Chambord pointe le petit jour.

LE COQUILLAGE

J'ai trouvé sur la plage,
Un joli coquillage,
Collé à mon oreille,
Mes sens sont en éveil,

Toi l'ancien crustacé,
Par la vague caressée,
Qui n'es qu'une coquille,
Joie des conchyophiles,

Donne-moi vite ton secret,
Coquillage nacré,
J'ai entendu ton cœur,
Et le ressac en chœur,

Puis le murmure du temps,

Que souffle vent d'autan,

Dans toutes ses dimensions,

Une suite de perception,

Dedans ta carapace,

Mais ne sais rien hélas,

De tes jolis secrets,

Beau coquillage nacré,

Devant son grand silence,

Et avec bienveillance,

Déçu indisposé,

Alors je l'ai posé,

Comme un vulgaire caillou…Sur le sable mouillé !

LORSQUE LE SOIR DESCEND

Lorsque le soir descend,

L'ancien dans son fauteuil,

Voit comme des taches de sang,

Sur le bord de son seuil,

Ce sont tous les reflets,

Des lumières de la ville,

Un peu roses et violets,

Le vieux n'est pas tranquille,

Lorsque le soir descend,

Du ventre de la ville,

Certains bruits inaudibles,

Montent c'est effrayant,

De là semble jaillir,
Un monde très inquiétant,
De larmes et de rires,
Qui n'est plus fascinant,

Il aimait tant la ville,
Depuis son accident,
Il est seul sur son ile,
Silencieux, dépendant,

Ce soir viendra sa fille,
Pour lui rendre visite,
Rassuré plus tranquille,
Bien heureux il cogite,

Douceur crépusculaire,
Qui viendra se poser,
Sur cette âme solitaire,
Sous l'effet d'un baiser,

Lorsque le soir descend,
Demain dans son fauteuil,
Et c'est bien affligeant,
Reverra sur son seuil,

Les lumières de la ville,
Depuis son accident,
Il est seul sur son ile,
Solitaire, dépendant.

KATMANDOU

J'ai retrouvé dans mon grenier,

Jaunis par le temps, tes courriers,

Bien m'en a pris, j'ai les larmes,

Et je suis resté sans arme,

Devant de si beaux souvenirs,

Tu vois j'aurais dû m'abstenir,

Les beaux déliés de ta plume,

Me rendent rempli d'amertume,

Je regrette le temps passé,

Car rien depuis n'est effacé,

Je suis allé me perdre ailleurs,

Et n'ai pas retrouvé d'ailleurs,

L'amitié que tu me donnais,
Mais j'étais peut-être un peu niais,
Je t'écrivais des billets doux,
Tout en rêvant de Katmandou,

C'était là notre Extrême Orient,
Toi tu lisais Chateaubriand,
Et nos cœurs battaient la mesure,
Soleil rouge sous un ciel d'azur,

Depuis j'ai vu d'autres couleurs,
Qui n'ont pas fait battre mon cœur,
Mais n'ai pas retrouvé si doux,
Que ton joli cœur d'amadou,

Je rêve toujours de Katmandou,
Et aussi de tes billets doux,
Je les garde précieusement,
J'ai peur de la fuite du temps.

LA PLUME ET L'ENCRIER

Oui, Il y a dans ce logis,

Un coin où je me réfugie,

Une plume avec un encrier,

M'attend près d'un joli cahier,

Sur un petit bureau nacré,

Où là je peux me consacrer,

En solitaire à l'écriture,

Ah ! Mes amis quelle aventure,

Addiction forte à la lettre,

Pour exister ou ne pas être,

La passerelle de mes envies,

Pour l'équilibre de ma vie,

Pas un jour sans une ligne,
Et en chemin en être digne,
Le droit d'écrire sans pression,
Et ma liberté d'expression,

Ainsi s'en vont les nuits les jours,
Qu'ils soient avec ou sans amour,
Au gré des années des saisons,
De la vie et ses flottaisons,

Sans vraiment penser à demain,
Je sens un parfum de jasmin,
Qui flotte dans toute la maison,
Et me fait perdre la raison.

LES BLANCS NUAGES

Quand je serais dans les nuages,

Seras-tu avec moi mon ange ?

Tu sais avec toi je voyage,

Alors j'ai fait ce rêve étrange,

Funambule sur un nuage,

Bien accroché à ce rocher,

J'ai aperçu ton doux visage,

Je l'ai reconnu sans chercher,

Je sais qu'il nous faut des orages,

Pour laisser un beau ciel serein,

Ainsi passent les blancs nuages,

C'est toujours le même refrain,

Je suis déjà dans les nuages,
Saches que tu me fais planer,
Lorsque tu feras tes bagages,
J'espère la haut te retrouver,

Sur le boulevard du temps qui passe,
Au paradis des rêves d'enfants,
Alors dans ce si bel espace,
Nos matins seront triomphants,

Bien cachés derrière les nuages,
Paradis blanc d'immensité,
Nous nous aimerons davantage,
Car nous aurons l'éternité.

LES PAS

Sans le savoir j'ai mis,
Tous mes pas dans les tiens
Et j'ai beaucoup appris,
Moi qui ne savais rien,

Sans croire à un miracle,
Au détour du chemin,
En consultant l'oracle,
Je t'ai donné la main,

Et l'ai serré très fort,
En suivant mon instinct,
Un peu de réconfort,
Caressait mon destin,

Croyant que les montagnes,
Pouvaient se rencontrer,
Les châteaux en Espagne,
Permettaient de rêver,

De mélanger nos pas,
N'étant pas réunis,
Restera la blessure
Jusqu'au dernier repas,

Ils glissent pas à pas,
Se perdent dans la nuit,
Je crois bien que c'est moi
Qui fit le premier pas.

LES SAULES PLEUREURS

Le long de la rivière,
Une haie de saules pleureurs,
Semblent faire la prière,
Je resterai des heures,

A rêver tête en l'air,
Je pense à toi mon ange,
Je suis dans la lumière,
De notre bel échange,

Lorsque j'ouvre les yeux,
L'eau coule régulière,
Les arbres majestueux,
Encore font la prière,

Voyant nos cœurs liés,

Dans la course du temps,

Leurs vertes chevelures,

Frissonnent avec le vent,

Puis inclinent leurs branches,

Dans l'eau de la rivière,

Pour nous saluer ma Blanche,

En souvenir d'hier,

Ce sont des romantiques,

Penchés sur ce miroir,

Qui pleurent mélancoliques,

Dans la douceur du soir.

POÈTE PAR INTÉRIM

Il s'en va la fleur au fusil,

Un œillet à la boutonnière,

Dans son cœur, des roses trémières,

Et s'adonne à la poésie,

Il aime l'amour et la dentelle,

Les belles dames du temps jadis,

L'histoire d'Orphée et d'Eurydice,

Et le chemin de Compostelle,

Mais déteste les militaires,

S'endort avec les Fleurs du Mal,

Et vois des aurores boréales,

Car son âme a quitté la terre,

Il dit que le pas cadencé,
Surtout les quatorze juillets,
Ne fait pas vraiment avancer,
Il préfère sa belle fleur d'œillet,

Aussi ouvrir d'autres portes,
Dans sa quête à la belle étoile,
L'inaccessible sur la toile,
Qu'il cherche ce qui le conforte,

Souhaite construire des ponts levis,
Etre le passeur de lettres,
Pour partager et pour transmettre,
Mordre dans le fruit de la vie,

Rêve d'être le Petit Prince,
À la recherche des planètes,
Qu'il ne trouve pas sur le net,
Alors préfère sa province,

Il voulait épouser la mer,
Au dernier moment a eu peur,
De passer pour un déserteur,
Il s'est mis à relire Homère,

La poésie des origines,
Et œillet à la boutonnière,
S'en est allé tout comme hier,
À la quête de sa Colombine,

Son jardin extraordinaire,
Le mena à une source bleue,
Au joli bois des amoureux,
Où là-bas il se désaltère,

En jurant que la Madelon,
Ne peut pas lui servir à boire,
Car ayant eu quelques déboires,
Il préfère sa Janeton.

LES BÂTISSEURS

De loin ils sont venus, maçons et charpentiers,

Jeannot tailleur de pierre et François vitrier,

Avec dans leurs charrettes des chênes centenaires,

Ils savent que des années leur seront nécessaires,

Pour dresser les piliers et les maçons s'affairent,

Afin que les murs tiennent, montrent leur savoir-faire,

Maitres dans leur métier, le cœur dans les étoiles,

Ce sont les bâtisseurs des belles cathédrales,

Et pour aussi ne plus penser à la misère,

Montent toujours plus haut pour porter la prière,

Ils sont venus de loin ces joyeux compagnons,

Maitres verriers, sculpteurs, certains viennent d'Avignon,

N'ont qu'une idée monter, s'approcher des étoiles,
Ce sont les bâtisseurs des belles cathédrales,
D'autres itinérants complètent la main d'œuvre,
Notre Dame de Paris est leur plus beau chef d'œuvre,

Aujourd'hui Notre Dame brûlée a bien souffert,
Il faut la reconstruire pour qu'elle brille comme hier,
Grand élan bâtisseur, les compagnons sont là,
En cette année de grâce, chantons Alléluia.

LA PARLOTE

Je te salue ami,

Qui passe devant moi,

En me disant bonsoir,

Je te salue ami,

Mon cœur est en émoi,

Bien content de te voir,

Je ne te connais pas

Alors je suis surpris,

De tant de gratitude,

Tu marchais sur mes pas,

Tes mots n'ont pas de prix,

Je n'ai pas l'habitude,

De ce geste amical,

Et tu es bien courtois,

Je n'en crois pas mes yeux,

C'est bon pour le mental,

Je te remercie toi,

Je te trouve audacieux,

Les gens ne parlent plus,

C'est triste et affligeant,

Si on n'a rien à dire,

Il vivent comme des reclus,

Ce n'est pas engageant,

Ma foi pour l'avenir,

Mais il vaut mieux se taire,

Que de dire des bêtises,

Faut savoir écouter,

Parle-moi de la terre,

Des hommes et de la crise,

Il nous faut méditer,

Viens on a mieux à faire,
On va se boire un verre,
Au bar de chez Monette,
Pour changer d'atmosphère,
Oublier nos misères,
Sans être pique-assiette,

Il me reste quelques sous,
Viens moi je t'offre une bière,
C'est pour te remercier,
Suis sens dessus dessous,
Monette mets deux couverts,
Nous avons à parler,

Les gens ne parle plus,
C'est triste et affligeant,
Si on n'a rien à dire,
Il vivent comme des reclus,
Ce n'est pas engageant,
J'ai des choses à te dire.

VANILLE

Vanille c'est une fleur, c'est aussi une épice,
Un goût de découvrir ce parfum si subtil,
Qui se répand sur moi, fruité comme un calice,
Ce parfum inspire l'amour me semble-t-il,

C'est aussi un prénom qui est top pour les filles,
Symbole de la douceur, la gente féminine,
Elle provient des iles et surtout des Antilles,
Enivrante puissante, elle excelle en cuisine,

Un parfum de vanille flotte dans la maison,
Comme une goutte d'huile étalée sur ma peau,
Je garde cet arôme mon cœur a ses raisons,
Quel délicieux mélange avec le cacao,

Le sucré de la glace, un zeste de réglisse,

Je vois déjà ses yeux qui s'entrouvrent et qui brillent,

Un moment merveilleux, où nous sommes complices,

Comme une gourmandise, un amour qui pétille.

LA SOLOGNE

Moi j'ai pour ce pays,

Goût de revenez-y,

Point de loup dans les bois,

Quelques biches aux abois,

Une grande étendue d'eau,

Des joncs et des roseaux,

Une brume qui se lève,

C'est un attrape-rêves,

Lorsque le soleil cogne,

On voit quelques cigognes,

Des oiseaux migrateurs,

Et beaucoup de chasseurs,

Avides de mystères,

Pour explorer la terre,

Des landes et des bruyères,

De fascinantes tourbières,

Source de vie l'étang,

Qui voit au jour naissant,

Passer la grande aigrette,

Celle appelée garzette,

Ou un héron cendré,

Qui semble affairé,

Marchant d'un pas princier,

Oh! Le bel échassier,

Grenouilles sur nénuphar,

Coassent en fanfare,

Si vous avez la chance,

De prendre des vacances,

Écoutez le concert,

Que fait le brame du cerf,

Qui dans la nuit résonne

Au début de l'automne,

C'est la saison d'aimer,

Entendez le bramer,

Les biches sont joyeuses,

La quête est amoureuse.

TERRE NORMANDE

Loin des lumières de la ville.
Qui sont chères à Charlie Chaplin,
Tout le monde ici vit tranquille,
Beaucoup de pluie mais pas de spleen,

Alors que dans notre village,
Nous n'entendons pas les cigales,
Mais on trouve dans les feuillages,
Des escargots, c'est un régal,

Si le vent souffle c'est du ch'nord,
Il est bien souvent enivrant,
Et les blés en perdent le nord,
Mais ce n'est pas le vent d'autan,

Notre terre est douce et normande,
Certains matins éblouissants,
Ce petit texte est une offrande,
Pour ces paysans chancelants,

Qui gardent l'amour de leurs terres,
Avec des histoires de clochers,
Ils ont un sacré caractère,
Restent attachés à leurs rochers,

Ici on fait des centenaires,
Loin des lumières de la ville,
Au beau pays du camembert,
Et du cidre de Longueville,

Loin des lumières de la ville,
Qui sont chères à Charlie Chaplin,
Tout le monde ici vit tranquille,
Beaucoup de pluie mais pas de spleen.

LE FOU DE BASSAN

Accroché au panneau il regarde la mer,
Le flux et le reflux et mesure le vent,
Puis soudain aveuglé par une douce lumière,
Il rejoint ses amis mouettes et goélands,

Majestueusement il traverse l'espace,
En écartant ses ailes dans un dernier élan,
Passe dans un cri aigu puis de nouveau repasse,
Un peu comme s'il voulait encore s'offrir au Vent,

Ils portent un joli nom tous ces fous de Bassan,
Je les revois toujours avec leurs cris stridents,
Qui s'en venaient plonger du côté de Ouessant,
Et je dois bien avouer qu'ils sont intimidants.

SECRET DE FAMILLE

Depuis quelques semaines elle est mal dans sa tête,
Un secret de famille vient d'être révélé,
Tout s'écroule autour d'elle, c'est la première arête,
Elle se sent seule au monde et se met à chialer,

Ses parents et ses frères sont bien des étrangers,
Elle qui pensait être, le fruit d'un grand amour,
Se pose des questions et se sent en danger,
Décidément la vie lui joue un mauvais tour,

Elle se sent rejetée, aussi abandonnée,
Son père n'est pas son père, une blessure ouverte,
Pourquoi ce bleu au cœur après toutes ces années,
Une remise en question, une triste découverte,

De sa vie d'où vient-elle ? Quelles sont ses origines ?
Elle veut en savoir plus, Maman n'est plus maman,
Elle veut la vérité, et se sent orpheline,
Elle doit en savoir plus, tout le monde lui ment,

Dès demain pour chercher ses parents biologiques,
Elle s'est décidée à, entamer des démarches,
Une action à mener sans perte de logique,
Un parcours difficile qui va se mettre en marche,

Pourquoi ne pas jeter, une bouteille à la mer ?
Parcours du combattant pour trouver le chemin,
De ses vraies origines, qui sait une chimère,
Elle est déterminée, et croit aux lendemains.

LES CHÂTEAUX DE SABLE

Qu'ils viennent d'Espagne ou bien qu'il soient de sable,
Les fragiles châteaux, restent infranchissables,
Car lorsque les vagues, atteignent le rivage,
Le vieil océan, marque son passage,

Leurs souvenirs restent, ancrés sur la dune,
Lorsque nous pensons, rêvons à la brune,
Sans se noyer dans, les sables mouvants,
Restent quelques grains, dans l'coeur des enfants,

Celui des amants, qui s'aiment sur la grève,
Et qui bien plus tard, garderont en rêve,
Ces tous petits grains, qui glissent dans leurs mains,
Faute de ne pouvoir, faire de lendemains,

Moi j'ai conservé, quelques grains de sable,

Précieusement, dans mon vieux cartable,

Pour les emmener, dans mes p'tits nuages,

Là où l'océan, ne fait pas ravage.

CHERCHEURS D'OR

Ils veulent décrocher la Lune,

Et vaincre tous les océans,

Qu'on se le dise â la une,

C'est surtout les jours de grand vent,

Qu'ils cherchent la pierre de lune,

La où nos rêves s'attardent,

Ils se nomment Jean de la lune.

Ou bien Pierrot, il me tarde,

D'aller sur ces terres nouvelles,

Le cœur rempli d'espérance,

Dans une quête fusionnelle,

Voilà que sourit la chance,

De découvrir tous ces trésors,

Accrochés à l'immensité,

Voici les nouveaux chercheurs d'or,

Réunis pour l'éternité,

Celui qui regarde la lune,

Jamais ne voit les étoiles,

Alors je pense à ma brune,

Pendant que le jour s'installe.

LA PARENTHÈSE

Toi tu vis entre parenthèse,
Je suis tes points de suspension,
Tu en prends bien trop à ton aise,
Mais ce n'est qu'une appréciation,
Entre présent et puis passé,
Ce joli temps nous fait cortège,
Mais on ne peut rien effacer,
Nous sommes tombés dans un piège,

Je suis tes points de suspension,
Peux-tu ouvrir la parenthèse,
Même si ça reste une illusion,
Tu en prends bien trop à ton aise,
Le temps est une parenthèse,
Je m'envole et puis je reviens,
Je m'inscris dans la parenthèse,
Dans cet amour qui va-et-vient,

Peux-tu fermer la parenthèse,

C'est un point d'interrogation ?

Que je glisse dans la parenthèse,

Mais c'est sans doute une illusion,

La vie n'est qu'une parenthèse,

Je m'en retourne dans mes rêves,

Prends-en après tout à ton aise,

Tu restes la petite fille d'Eve.

STRESS

Le quotidien c'est bien le stress,
Qui nous met sans cesse en détresse,
Le quotidien c'est l'inquiétude,
Dans une grande solitude,

Alors relaxe, respiration,
Maitrisons bien nos émotions,
Ressortons ce qui reste enfoui,
Pratique du sport favori,

Tu es anxieuse, dépressive,
Tu mords avec tes incisives,
Ton inquiétude devient angoisse,
Et ta tension devient trop basse

Alors stop au stress quotidien,

Je sais qu'il existe un moyen,

Vide ta tête et puis médite,

Et puis fais-toi toute petite,

Fais-en sorte de rester zen,

Même aux changements de dizaine,

Et puis mets-toi sur ton piano,

Fais sonner les notes très haut,

La musique diminue le stress,

Apaisante comme une maitresse,

Sort ce qui est resté enfoui,

Afin de faire murir le fruit.

EMMÈNE-MOI

Viens, emmène-moi en voyage,
Je veux retrouver le chemin,
Aussi le même paysage,
La même fleur dans ton jardin,

Toi ma compagne de voyage,
Au gré de notre fantaisie,
Qu'importe le poids de nos âges,
Partons tous deux en poésie,

Je me souviens de mon enfance,
Quand je courais dans les blés d'or,
En poursuivant la souvenance,
Nous étions des conquistadors,

A mi-chemin du beau voyage,
Rêvons dans la douceur du jour,
J'ai traversé bien des orages,
Amour et paix à notre tour,

Je sais bien que la vie est brève,
Maintenant je suis l'homme pressé,
De revivre au fil de mon rêve,
Ces doux instants du temps passé,

Ce soir j'ai l'âme vagabonde,
La même douceur, la même fièvre,
Je sens que tes cheveux inondent,
Ton visage jusqu'à tes lèvres,

Viens, emmène-moi en voyage,
Je veux retrouver le chemin,
Aussi le même paysage,
La même fleur dans ton jardin.

L'ARMADA À ROUEN, PENTECÔTE 2019

Belle journée de pluie,

Les voiliers sont à quai,

Dans notre Normandie,

Nous ne sommes pas inquiets,

Les grands bateaux sont là,

Et la foule est immense,

Et oui les revoilà,

Comme une transhumance,

Les voiliers que l'on aime,

Pour fêter l'Armada,

L'Hermione, le Belem,

C'était dans l'agenda,

Le Sedov, la Belle Poule,
Un grand rassemblement,
Qui attire les foules,
Et puis de beaux gréements,

Rendez-vous était pris,
Pour ces géants des mers,
Vous avez bien compris,
Et moi je manque d'air

Je ne peux les nommer,
Des grands noms sont présents,
Mais vient à point nommé,
L'Etoile, le Loth Lorien,

Qui conforte ma rime,
Concerts, animations,
Toutes, tous sont unanimes,
C'est une grande émotion,

Demain ils partiront,

Des bateaux de croisières,

Les accompagneront,

Iront jusqu'à l'estuaire,

Et en apothéose,

Levée du Pont Flaubert,

Moi je le dis et j'ose,

Ça plairait à Prévert.

À PROPOS D'ALZHEIMER

Il y a péril en la demeure,
Les hommes souffrent d'alzheimer,
Et leur mémoire est sélective
Ils coupent avec leurs incisives,

On entend toujours le tambour,
Alors nous pauvres troubadours,
Préférons la guerre en dentelle,
Et nous recueillir sur l'autel,

Plutôt que donner notre sang,
Je fais partie des cent pour cent,
Qui redoutent le son du clairon,
Le bruit des bottes de l'escadron,

Il existe des mornes plaines,

Et surtout encore de la haine,

Préférons les batailles fictives,

C'est bien mieux que la défensive,

Je propose les soldats de plomb

Dis-moi qu'en penses tu mon colon ?

Il y a péril en la demeure,

Les hommes souffrent d'alzheimer.

PETIT POUCET

Poser des mots couleur du rire,
Des mots doux évitant le pire,
De beaux mots en Technicolor,
Qui sont bien plus jolis que l'or,

La vie n'est pas l'eldorado,
Et si ce n'est pas un cadeau,
Ça aide bien à tenir debout,
Ma poésie est sans tabou,

J'ai cassé des petits cailloux,
Et je les ai semés pour vous,
J'ai récolté des pierres de lune,
Que j'ai déposé une à une,

Par chance j'avais l'bon numéro,
C'était les contes de Pierrot,
Des histoires à dormir debout,
J'avais rimé mes petits bouts,

Je ne retrouve pas mes cailloux,
Je les avais semés pour vous,
Je vous avais dit only you,
Mais vous n'êtes plus au rendez-vous,

Moi j'écris pour faire de la place,
Moi j'écris pour laisser une trace,
Et puis aussi pour rebondir,
Pour exister, me faire plaisir.

L'AURA

Dans mes silences,

Je fais mon mea culpa,

Dans mes silences,

J'entends le bruit de tes pas,

Soleil étrange,

Je vois flotter ton aura,

Alors bel ange,

Je rêve : je suis dans tes bras,

Avec aisance,

Tu entres dans lumière,

Douce violence,

Lumineuse belle et fière,

Incandescence,

Avec une telle énergie,

Une insolence,

Qui sait embellir ma vie,

Grâce élégance,

Tu portes ton diadème,

Savant mélange,

Je ne change pas de thème,

Dans mes silences,

Je reste sous ton charme,

Car ces silences,

Ne sont que mes seules armes.

AU PAYS DE FLAUBERT

Quand j'me promène le long d'la Seine,
Moi mon amie j'pense à Verlaine,
Puis aussi à Apollinaire,
Coulent nos amours et nos misères,
Sur la chanson de Jacques Prévert,
Au pays de Gustave Flaubert,
Elle a bien d'la chance notre Seine,
Elle court sous les ponts se promène,
Pour aller rejoindre Paris,
Le zouave en passant lui sourit,

Quand j'me promène le long d'la Seine,
Je pense à Émile Verhaeren,
À Géricault à Fontenelle,
À Boieldieu, Armand Carrel,
Coulent nos amours et nos misères,

Notre Seine est hospitalière,

Au pays de Gustave Flaubert,

Me vient une chanson de Prévert,

Qui ne cesse de revenir,

Me rappelle à ton souvenir,

À nos promenades dans la ville,

Aux cents clochers d'un pas tranquille,

On évoquait le Père Hugo,

Georges Brassens et sa Margot,

Je parlais de François Villon,

En caressant ton cotillon,

Et rêvait de la « Pomme de Pin »,

Où nous attendaient les copains,

Coulent nos amours et nos misères,

Restent les souvenirs d'hier,

Et la chanson de Jacques Prévert

Au pays de Gustave Flaubert...

TABLE DES MATIÈRES

COUCHER DE SOLEIL	7
L'AMOUR S'EN VIENT PAR LA TENDRESSE	9
L'ÉTINCELLE	11
L'ÉCOLE BUISSONNIÈRE	13
PETITE MÈRE	16
MONTMARTRE	19
STANCES UN AMI(E) QUI SOUFFRE	21
L'ÉTANG	23
L'ÉTOILE FILANTE	25
QUINE ANS : LA LEÇON DE PIANO	27
LA ROUTE DE MADISON	29
AU BOIS DE MON CŒUR	31
LA FLEUR DE L'ÂGE	33
DIGNITÉ	35
HOMMAGE À NOUGARO	37
CŒUR EN JACHÈRE	39
IL EST VENU LE TEMPS	41
EN EFFUEILLANT LA MARGUERITE	43
HONFLEUR	45

MAM'ZELLE LISON	47
L'ORIGINAL	49
L'AMANTE	52
LA CIGARETTE	54
LE MANÈGE	56
APOCALYPSE NOW	58
BLEUET DE FRANCE	60
EN FORÊT DE CHAMBORD	62
LE COQUILLAGE	63
LORSQUE LE SOIR DESCEND	65
KATMANDOU	68
LA PLUME ET L'ENCRIER	70
LES BLANCS NUAGES	72
LES PAS	74
LES SAULES PLEUREURS	76
POÈTE PAR INTÉRIM	78
LES BÂTISSEURS	81
LA PARLOTE	83
VANILLE	86
LA SOLOGNE	88
TERRE NORMANDE	91
LE FOU DE BASSAN	93
SECRET DE FAMILLE	94

LES CHÂTEAUX DE SABLE	96
CHERCHEURS D'OR	98
LA PARENTHÈSE	100
STRESS	102
EMMÈNE-MOI	104
L'ARMADA À ROUEN, PENTECÔTE 2019	106
À PROPOS D'ALZHEIMER	109
PETIT POUCET	111
L'AURA	113
AU PAYS DE FLAUBERT	115
TABLE DES MATIÈRES	117

Imprimé par BoD à Norderstedt
Allemagne

« Pour l'éditeur, le principe est d'utiliser des papiers composés de fibres naturelles, renouvelables, recyclables et fabriquées à partir de bois issus de forêts qui adoptent un système d'aménagement durable. En outre, l'éditeur attend de ses fournisseurs de papier qu'ils s'inscrivent dans une démarche de certification environnementale reconnue. »

ISBN : 978-2-3222-0656-8
Dépôt légal : Mars 2020